ÉTUDE DE DROIT MARITIME COMPARÉ

LE

CONGRÈS INTERNATIONAL

DE

DROIT MARITIME DE GÊNES

PAR

HENRI FROMAGEOT

Docteur en droit, Avocat à la Cour d'appel de Paris.

(EXTRAIT du *Bulletin de la Société de Législation comparée*.)

PARIS

LIBRAIRIE COTILLON

F. PICHON, SUCCESSEUR, ÉDITEUR

Libraire du Conseil d'État et de la Société de Législation comparée

24, rue Soufflot, 24

1893

ÉTUDE DE DROIT MARITIME COMPARÉ

LE

CONGRÈS INTERNATIONAL

DE

DROIT MARITIME DE GÊNES

PAR

HENRI FROMAGEOT

Docteur en droit, Avocat à la Cour d'appel de Paris.

(EXTRAIT du *Bulletin de la Société de Législation comparée.*)

PARIS

LIBRAIRIE COTILLON

F. PICHON, SUCCESSEUR, ÉDITEUR

Libraire du Conseil d'État et de la Société de Législation comparée

24, rue Soufflot, 24

1893

LE

CONGRÈS INTERNATIONAL

DE

DROIT MARITIME DE GÊNES

A l'occasion des fêtes données pour le centenaire de Christophe Colomb, la municipalité de Gênes avait organisé un Congrès international de droit maritime. Ce Congrès, ouvert le 26 septembre sous la présidence de Son Excellence le Ministre de la justice, a été clôturé le 7 octobre suivant. Le présent travail a pour objet l'étude des résolutions qui y ont été adoptées.

Les travaux du Congrès avaient été répartis entre quatre sections de la façon suivante :

Section   I. Crédit maritime.
Section II. Avaries et connaissements.
Section III. Assurances maritimes.
Section IV. Abordages, assistance maritime et sauvetages.

Dans chaque section une Commission avait été chargée de la préparation des questions et des propositions à soumettre aux délibérations des congressistes (1).

1) Les rapports de chacune des sections et l'ensemble des résolutions soumises aux discussions du congrès ont été publiés. (Jmprimerie Pagano frères, Gênes, 1892).

§ 1

— A la section I, chargée de l'étude du crédit maritime, a été présenté un projet relatif à la *personnalité juridique* des navires. Et on a adopté à cet égard la résolution suivante :

« *Chaque navire est une personne juridique ayant une responsabi-*
« *lité limitée au montant de son patrimoine. — Le prix d'assurance*
« *fait partie du patrimoine du navire.*
« *La gestion et la représentation active et passive du navire appar-*
« *tiennent à l'armateur. — L'armateur est le propriétaire ou l'élu*
« *par la majorité des quotités de propriété. — La qualité d'arma-*
« *teur doit résulter des registres maritimes et de l'acte de nationalité.*
« *L'armateur doit sous sa propre responsabilité observer la procédure*
« *qui aura été établie par la loi du lieu, pour toutes les obligations*
« *concernant le navire.*
« *Si le navire n'est pas en condition de satisfaire à ses obligations,*
« *l'armateur est tenu, sous sa propre responsabilité de présenter au*
« *Tribunal du lieu où le navire est inscrit, le bilan actif et passif du*
« *navire pour en provoquer la liquidation suivant la procédure éta-*
« *blie par la loi du lieu. — Le tribunal convoque les créanciers pour*
« *la nomination d'un administrateur. — La liquidation peut être*
« *demandée par tout créancier.*
« *Les gens de l'équipage perdent tout droit à leurs gages dans*
« *le seul cas où il soit prouvé à leur charge une faute ou une négli-*
« *gence.*
« *Les avances et les prêts sur fret doivent être inscrits sur les*
« *connaissements.* »

De droit commun les propriétaires de navires sont soumis à des responsabilités écrasantes soit par l'effet des contrats de transport, soit par l'effet de la responsabilité civile qui leur incombe pour les actes de leurs préposés.

En ce qui concerne les contrats, ils se protègent eux-mêmes de leur mieux à l'aide des nombreuses clauses qu'ils stipulent dans leurs conventions. Mais en dehors des contrats, le champ de leurs responsabilités reste vaste : un seul abordage peut suffire à leur ruine. Aussi la plupart des législations modernes, pour protéger et encourager le commerce de mer, ont limité d'une façon ou d'une autre la responsabilité des propriétaires de navire et ont cherché par là à leur éviter, dans la mesure du possible, les chances de ruine dont les sinistres de mer les entourent et sur lesquelles ils n'ont aucun contrôle. On a trouvé équitable que le propriétaire, qui ne peut pas matériellement surveiller le navire en route, ne soit pas tenu sur tous ses biens pour les actes de ses préposés, comme il l'est pour ses actes personnels.

C'est dans cet esprit que sont conçues les limitations à la responsabilité admises en France, en Angleterre, en Allemagne ou aux Etats-Unis, soit par la faculté d'abandon du navire et du fret (1), soit par tout autre moyen (2). Ce sont là, d'ailleurs, des questions qui ont été maintes fois approfondies et qu'il est inutile de reprendre ici (3).

La manifestation pratique du système proposé au Congrès italien dépasserait de beaucoup les solutions actuelles. Faire du navire une personnalité juridique distincte, en s'appuyant sur la séparation de la fortune flottante et de la fortune terrestre du propriétaire, ce serait, comme l'a dit la Commission elle-même, reconnaître à celui-ci le droit de se libérer des obligations contractées pour la gestion du navire, sans distinguer les obligations qu'il aurait lui-même contractées, de celles qui l'auraient été indirectement par le capitaine, son mandataire. L'armateur, devant être considéré comme le gérant et le représentant du navire, serait alors assimilé au gérant d'une société à responsabilité limitée, lequel ne s'oblige pas personnellement, mais n'oblige que la personne morale (4).

(1) Cf., C. co. franç., art. 216 ; — C. co. ital., art. 491 ; — C. co. holland., art. 321 ; — C. co. espagn., art. 587 ; — C. co. portug., art. 492 ; — C. co. marit. égypt., art. 30 (*The egyptian Codes*. London, 1892, *p.* 260) ; — Aux États-Unis, Revis. stat., sect. 4283 ; et Act. de 1884, sect. 18 ; — En Suède (C. marit. de 1891, art. 7) le système est un peu différent.

(2) Le Handelsgesetzbuch allemand (art. 452) se borne à énumérer certains cas dans lesquels l'armateur n'est tenu que sur sa fortune de mer, sans avoir même à en faire l'abandon ; — En Angleterre les *Merchant Schipping Acts* de 1854 et de 1862 ont limité la responsabilité des propriétaires de navires au moyen d'un maximum de £ 15 ou £ 8 par tonneau de jaugé en cas d'*accidents* de personnes ou de choses.

(3) V. notamment : Dr. Raikes, *The liabilities of Shipowners at home and abroad* (*Law. Magaz. and Rev.* 1883, 355) ; — De Valroger, *De la responsabilité des propriétaires de navires* (Rev. intern. dr. marit., 1886, 487) ; — J.-E. Gray Hill, *Restrictions by law upon the liability of shipowners* (A paper read at the 19ᵗʰ annual provincial Meeting of the Incorporated Law Society, held at Norwich, octob. 1892).

(4) V. *Rapport*, p. 6.

Un tel système peut être possible en pratique lorsque le navire, dont on veut faire une personne morale, est seul à faire l'objet du droit de propriété d'un particulier ou de plusieurs copropriétaires ; c'est ainsi que déjà depuis une douzaine d'années l'usage de former des *Single Ship Companies* s'est répandu en Angleterre. Mais il en est tout autrement lorsque le navire (ce qui, assurément, est un cas très fréquent) fait partie de la flotte d'une compagnie de navigation.

On sait, en effet, qu'en pratique les chargeurs qui contractent avec les compagnies de transports, ne connaissent pas, la plupart du temps, et ne peuvent guère connaître sûrement le navire qui effectuera le voyage. Telle compagnie qui affecte à tel service huit ou dix steamers ou voiliers, ne fixe à l'avance que très approximativement le départ de ses paquebots : parce que leur tonnage étant différent, on fera partir le plus fort tonnage ou le plus faible selon l'importance du chargement ; parce que des avaries peuvent retenir momentanément au port tel ou tel des navires ; parce que des retards peuvent se produire dans les arrivées, etc... Aussi dans presque tous les connaissements, le nom du navire n'est mentionné qu'accompagné de la clause « *ou tout autre pour lui* » ou encore de celle-ci : *chargé sur tel navire,* « *ou à défaut, sur celui du départ suivant* », ou « *sur celui d'un des deux départs suivants* », etc... De même, il est stipulé que le capitaine ou la compagnie pourra en tout temps, avant ou après le départ, transborder les marchandises sur un autre navire, même étranger.

Sans doute le navire lui-même est pris quelquefois en considération (1) : si, par exemple, le chargement doit être fait sur un navire n'appartenant pas à une des lignes dites privilégiées ; ou lorsque l'expéditeur, voulant faire arriver la marchandise à date fixe, a besoin d'un navire bon marcheur, et, en conséquence, choisit tel bâtiment. On en a eu un exemple l'année dernière, lorsque la France a modifié son tarif des douanes ; on en a un exemple en ce moment (décembre 1892), à cause du Brésil qui a augmenté ses droits à partir du 1er janvier. Mais ce que les chargeurs examinent le plus communément, c'est la position commerciale du transporteur, compagnie ou particulier, c'est l'état général de la flotte, et, ensuite, ce qu'ils connaissent, c'est la date du départ.

---

(1) Il l'est surtout par les assureurs ; en cas d'assurance pour voyage *d'aller et de retour*, et de polices d'abonnement, voir *Cours légal des primes d'assurances maritimes des compagnies françaises de la place de Paris* (1891), p. 16.

Or, si on admet le navire personne morale, que deviendront ces usages incontestablement dictés par la nécessité pratique ? Si le législateur voulait les supprimer, il créerait une grande gêne aux armateurs, sans aucun profit pour les chargeurs. Si on ne les supprimait pas, ou si, comme cela serait certain, la pratique commerciale les conservait, il arriverait que le transporteur pourrait engager à son choix, sans se compromettre personnellement, tel ou tel navire, seul être responsable, et rendre ainsi, à son gré, illusoire le gage du chargeur. Une compagnie en mauvaises affaires ou peu scrupuleuse pourra opérer le chargement sur un navire détestable, et ne rien craindre des chargeurs qui lui réclameraient quelque chose après avoir traité avec elle. A la vérité, ceux-ci auraient bien toujours leur propre fret comme sûreté, mais, s'il est vrai que parfois le fret est égal ou supérieur (1) à la valeur de la marchandise, le plus souvent il lui est inférieur.

Étant donné alors qu'en fait les chargeurs sont le plus souvent obligés d'ignorer le nom du navire lors du contrat, que deviendrait ce contrat lui-même ? Le chargeur qui s'adressera à la compagnie de transports, aura beau exiger telle ou telle cote au *Verita* ou *Lloyd*, il ne connaîtra toujours pas son cocontractant, car le véritable transporteur, celui qui en assumera les obligations, ce sera réellement la personne morale, le navire, qui précisément n'est pas encore déterminé. Le chargeur qui ne connaît que la compagnie, s'adressera à elle et se trouvera signer un contrat, charte-partie ou connaissement, sans connaître son cocontractant. L'agent de la compagnie, la compagnie elle-même ne seront plus que des mandataires des chargeurs, ou des sortes de courtiers, ayant en mains un blanc-seing dont ils pourront tirer parti à leur guise.

Enfin il y a d'autres personnes que les chargeurs dont la situation deviendrait singulièrement embarrassante. Tout d'abord celle des transporteurs eux-mêmes, quand ce seraient des compagnies n'ayant comme patrimoine qu'un patrimoine maritime : si, en effet, chacun des navires de la flotte est à lui seul une personne morale, de quoi se composera le patrimoine de la compagnie ? — Quelle sera, d'autre part, la position des tiers dont la créance ne s'appliquera pas à tel ou tel navire en particulier, des fournisseurs de charbons, par exemple, lorsque leur marché est fait sans affectation à tel bâtiment ? Ou encore celle des sauveteurs, lorsque l'as-

---

(1) Ce qui arrive pour les marchandises encombrantes et de peu de valeur comme les ocres, la verrerie commune, le blanc de Meudon, etc...

sistance, donnée à un navire en détresse, aura plutôt en vue la vie des personnes que le sauvetage d'une épave sans valeur? Dans tous ces cas, dont on pourrait multiplier les exemples, la compagnie de transport sera-t-elle tenue personnellement sur tous ses biens? et alors comment le sera-t-elle?

Quoi qu'en ait dit la Commission italienne, tout cela ne paraît guère praticable.

§ 2

— La section II avait à s'occuper des avaries et du connaissement, et, à cet égard les propositions se référaient aux solutions admises dans les Congrès précédents, c'est-à-dire aux dix-huit règles d'York et d'Anvers (1890) en ce qui concerne les avaries communes, et aux dix-sept règles d'Hambourg et de Brême en ce qui concerne les connaissements.

La Commission posait la question de savoir si toutes ces règles devaient être maintenues ou s'il était opportun d'en modifier ou d'en ajouter quelques-unes.

A — Quant aux avaries communes et aux règles d'York et d'Anvers, on proposait en premier lieu de modifier la règle 3, relative au *dommage causé par l'extinction du feu à bord.*

Cette règle tranche une des questions sur lesquelles les usages et la jurisprudence des différentes places de commerce ne sont pas d'accord : doit-on ou non bonifier en avarie commune le dommage causé par l'eau aux parties du navire ou de la cargaison déjà atteintes par le feu? — D'une part, en effet, la pratique anglaise (1) et française (2) n'admettent pas ici d'avarie grosse par cette raison que l'objet étant sûrement destiné à périr, on ne peut pas dire qu'on l'a endommagé pour le salut commun ; — d'autre part, la pratique des tribunaux américains (3) ou de certaines places de commerce comme celle d'Anvers (4), classe au contraire ces avaries parmi les avaries grosses, déclarant que le dommage provient en somme d'une mesure prise pour le salut commun.

(1) *Rapport*, p. 18 ; — Cf. Desjardins, IV, 287.
(2) Cf. De Courcy, *Quest. dr. marit.*, II, 271.
(3) Nimick *v.* Holmes, Pensylvan. Rep. XXV, 366 ; voir cependant Nelson *r.* Belmont, Du. N. Y. Rep. V, 310.
(4) Van Peborgh (dispacheur à Anvers), *Règles d'York et d'Anvers*, 1890, rapport sur les travaux de la 14ᵉ conférence de l'*Association for the reform and codification of the law of nations* (Anvers 1890), p. 14.

Les anciennes règles d'York et d'Anvers, telles qu'elles avaient été élaborées en 1877, laissaient fort à désirer sur ce point:

> « Le dommage causé au navire ou à la cargaison, conjointement ou séparément, par l'eau ou autrement, en vue d'éteindre un incendie à bord, sera réputé avarie commune; toutefois aucune bonification ne sera faite pour le dommage causé par l'eau *aux colis* qui ont été atteints par le feu. »

On distinguait ainsi entre le navire et la cargaison au préjudice de cette dernière, et, pour elle seulement, on n'admettait pas de bonification en avarie grosse. Rien ne justifiait cette distinction et à la conférence tenue en 1890 à Liverpool par l'*Association for the reform and codification of the Law of Nations*, on proposa un amendement qui fut adopté et par lequel, tout en complétant la disposition, on étendit au navire la mesure qui, jusque-là, ne visait que le chargement.

> « Le dommage causé au navire et à la cargaison conjointement ou séparément, par l'eau ou autrement, y compris le dommage résultant de l'échouement ou du sabordement d'un navire en feu, en vue d'éteindre un incendie à bord, sera réputé avarie commune; toutefois aucune bonification ne sera faite pour dommage *aux parties du navire* et *aux parties du chargement* en vrac ou aux colis de marchandises qui auraient été en feu. »

La disposition était désormais logique et faisait la situation égale aux intéressés sur navire et sur chargement; elle était conforme aux usages anglais et français. — Ce que proposait la Commission italienne au Congrès de Gênes, c'était précisément d'admettre le système opposé, c'est-à-dire de bonifier en avarie commune tout dommage causé par le mode d'extinction du feu, *sans excepter les parties du navire ou de la cargaison déjà atteintes par l'incendie*.

C'est ce qui fut adopté, et la règle 3, ainsi tronquée, devint la suivante:

Règle 3. — « *Le dommage causé au navire et à la cargaison, con-*
« *jointement ou séparément, par l'eau ou autrement, y compris le*
« *dommage résultant de l'échouement ou du sabordement d'un navire*
« *en feu, en vue d'éteindre un incendie à bord, sera réputé avarie*
« *commune.* »

En second lieu la Commission proposait de modifier la règle 5,
qui se réfère à l'*échouement volontaire*.

En principe on est d'accord pour admettre que le dommage résultant d'un échouement volontaire, opéré en vue du salut commun,
doit être bonifié en avarie commune. Mais ce principe théorique
n'est pas sans soulever de graves difficultés pratiques d'application.
Lorsque le capitaine, pour éviter une prise ou une capture, fait
échouer volontairement son navire alors qu'il aurait pu tenter de le
sauver par la fuite ou par une autre manœuvre, sans aucun doute
il y a un échouement volontaire qui pourra donner lieu à contribution. Mais dans bien d'autres circonstances plus fréquentes que
la prise ou la capture, il est souvent très difficile de dire si l'échouement a été ou non volontaire. A la suite d'hivernage dans les glaces
ou par les gros temps, il arrive que des boulons cèdent et une
voie d'eau se produit qui, dans un délai plus ou moins long, doit
faire sombrer le navire. Par les gros temps il arrive que le gouvernail est brisé ; l'état de la mer s'oppose alors à ce qu'on place le
gouvernail de rechange et le gouvernail de fortune qu'on essaie d'établir à l'aide d'espars ne peut tenir contre les lames ; ou encore — et
c'est là une des plus fréquentes et plus dangereuses avaries — les
mouvements désordonnés de l'hélice, que le tangage fait battre à
vide, amènent la rupture de l'arbre de couche. Dans ces circonstances
le bâtiment ne pouvant plus gouverner s'en va à la dérive, et souvent
chassé par le vent ou les courants il ne peut garder la haute mer
et est jeté en dérive sur les côtes ou sur des brisants. Si le capitaine, de deux maux choisissant le moindre, fait alors volontairement échouer son bâtiment, doit-on dire qu'il y a échouement
volontaire ? — D'une part, il est vrai qu'il y a un sacrifice volontairement subi en vue du salut commun. Mais, d'autre part, n'est-
il pas étrange de considérer comme sacrifice volontaire et partant,
comme avarie commune, un événement qui, quelques instants
plus tard, se serait produit tout seul ? Ne faut-il pas voir là plutôt
une forme de sauve-qui-peut qui ne saurait donner lieu à contribution ?

Sur ce point la règle 5 d'York et d'Anvers de 1877 s'était

bornée à énoncer un cas où l'échouement ne devait pas être considéré comme avarie commune :

> « L'échouement volontaire d'un navire coulant bas d'eau ou en dérive vers la côte ou des rochers, ne sera pas considéré comme sacrifice et le dommage occasionné au navire, au chargement et au fret conjointement ou séparément par le fait de cet échouement, no sera pas bonifié en avarie commune. »

A la conférence de Liverpool, en 1890, sur la proposition de M. Mac Arthur, président de la Chambre de commerce de Liverpool, et après de longues discussions, on résolut de rappeler dans la règle 5 qu'en dehors du cas de perte inévitable, l'échouement volontaire restait un cas d'avarie grosse :

> « L'échouement volontaire d'un navire dans des circonstances telles que si cette résolution n'avait pas été prise il aurait inévitablement sombré ou se serait échoué sur le rivage ou sur des rochers, ne sera pas considéré comme sacrifice et le dommage occasionné au navire, au chargement et au fret, conjointement ou séparément, par le fait de cet échouement ne sera pas bonifié en avarie commune. Mais en toute autre circonstance l'échouement volontaire d'un navire pour le salut commun donnera lieu à la répartition en avarie commune des pertes et dommages qui en auront été la conséquence. »

La Commission italienne de Gênes, ne trouvant pas cette règle 5 juridiquement exacte, proposait de la remplacer par la suivante qui fut adoptée :

> « RÈGLE 5. — *Les dommages causés par l'échouement volontaire*
> « *du navire ne seront bonifiés en avarie commune que dans le cas*
> « *où l'échouement a été l'exécution directe et immédiate d'une déci-*
> « *sion prise par le capitaine pour le salut commun.* »

Contrairement à l'opinion émise par l'Association anglaise, on a pensé que l'imminence et la gravité du danger, même en matière d'échouement volontaire, sont des conditions qui contribuent non pas à exclure, mais à imprimer plus fortement le caractère d'avarie commune à une mesure de cette nature.

Dans certains cas, il est vrai, on peut bien dire que la perte est absolument certaine. Ainsi un navire jeté à la côte commence à talonner. Ou encore, par suite de la rencontre d'une épave submergée ou d'un bas-fond, une voie d'eau se produit au-dessous de la flottaison et sous la coque, de sorte que, vu le niveau de l'eau, on ne peut aller la boucher; si le navire n'a pas de compartiments étanches en nombre suffisant pour supporter qu'un ou deux soient remplis, et si les moyens du bord sont insuffisants pour étancher la voie d'eau, alors on peut bien dire que le navire est irrémédiablement perdu.

Mais bien souvent aussi il est téméraire d'affirmer qu'un navire en dérive et jeté à la côte, ou qui souffre d'une voie d'eau, et que le capitaine se décide à faire échouer, aurait sombré quelques instants plus tard.

Ainsi un des cas fréquents d'échouement pour les gros voiliers est le suivant: étant mouillés en rade, un gros temps survient rapidement ; le navire chasse sur ses ancres et ne peut plus tenir dessus. Il n'a pas le temps d'appareiller, surtout si c'est un navire à voiles carrées, il est jeté à la côte. Peut-on dire que le navire est irrémédiablement perdu? Non, et tant qu'il ne commence pas à talonner, il a encore des chances de se sauver. Que de fois arrive-t-il que des bâtiments qu'on croit perdus et qu'on abandonne en mer, ne périssent cependant pas et font le profit des sauveteurs. On en a eu tout dernièrement un exemple avec le steamer allemand la « Sprée » qui coulant bas d'eau a été abandonné et qui, cependant, n'a point sombré. Le naufrage, s'il a lieu de lui-même, ne peut-il pas se produire de mille manières différentes? Le navire peut se perdre corps et biens comme il peut seulement s'échouer de lui-même plus ou moins heureusement. Une saute de vent peut l'empêcher ; c'est assurément rare, mais cela peut arriver.

Dans toutes ces circonstances peut-on dire que l'élément de volonté du capitaine, exigé pour donner lieu à avarie commune, se trouve manquer? N'y a-t-il pas un aléa suffisant pour donner aux actes de ce capitaine le caractère d'actes volontaires ?

Ce sont là des questions de fait pouvant varier à l'infini, et il me semble plus conforme, et aux principes juridiques et à l'expérience pratique, de ne poser aucune présomption, mais de se borner à dire, comme l'a fait la Commission italienne: Il faut, mais il suffit que l'échouement soit *volontaire* pour que le dommage qui en résulte soit bonifié en avarie commune.

Certes, on peut trouver fâcheux de remanier ainsi des règles récemment adoptées et à peine mises en pratique. Mais les motifs invoqués ici paraissent suffisamment sérieux pour faire raison de ce scrupule. La seule chose qu'il y ait à regretter, c'est que la modification ait été adoptée en l'absence d'intéressés anglais et que la maigre discussion qui a eu lieu n'ait guère ainsi été contradictoire.

La règle 9 relative au cas où *la cargaison, les objets d'inventaire du navire et les provisions sont brûlés comme combustible*, a été également l'objet d'une modification.

Le texte que l'on proposait de réviser était ainsi conçu :

« La cargaison, les objets d'inventaire du navire et les provisions ou l'un de ces objets seulement, qu'il aura fallu brûler comme combustible pour le salut commun au moment du danger, seront admis en avarie commune quand et seulement quand un ample approvisionnement de combustible avait été embarqué ; mais la quantité estimée de charbon qui aurait été consumée, calculée à la valeur courante au dernier port de départ du navire et à la date de son départ, sera portée en compte à l'armateur du navire et portée au crédit de l'avarie commune. »

Ce texte se réfère à une question sur laquelle les opinions diffèrent : celle de savoir en quelle considération il faut prendre la cause primordiale du dommage pour le classer avarie grosse ou avarie particulière. D'après les uns, le cas fortuit, la force majeure sont un élément essentiel de l'avarie grosse. — D'après les autres cela importe peu : ce qui est essentiel c'est que personne ne s'enrichisse injustement aux dépens d'autrui ; c'est là la base de l'avarie commune, et lorsque par une mesure, prise pour le salut de tous, on sacrifie tel ou tel, il est juste de répartir le sacrifice entre les autres.

C'est ce qui avait été formulé de la façon suivante au Congrès de Bruxelles, en 1888 (1). « Les règles relatives à l'avarie commune doivent s'appliquer même lorsque le danger, cause primordiale du sacrifice ou de la défense, a été amené soit par la faute du capi-

_____

(1) Art. 7 du projet de Bruxelles.

taine, de l'équipage ou d'une personne intéressée au chargement, soit par le vice propre du navire ou d'une marchandise chargée. — Le recours que donne la faute ou le vice propre, doit être indépendant du règlement de l'avarie commune. »

C'est le système admis par le Code de commerce allemand (1) le Code maritime suédois de 1891 (2) et la pratique anglaise (3).

En France, la jurisprudence (sauf une décision particulière du tribunal de Marseille) ne l'admet pas. Dans l'affaire Lacotte c. Vero Wehrung et Cie (1882), la Cour de cassation a déclaré que le dommage ou le sacrifice (en l'espèce le jet) cesse de constituer une avarie commune quand le péril, qui a rendu le sacrifice nécessaire, a été causé par une faute du capitaine (4). En conséquence, ajoutait-on, le jet opéré à l'effet d'alléger le navire échoué par la faute du capitaine, et d'assurer ainsi la conservation tant du bâtiment lui-même que du reste de la cargaison, ne saurait donner ouverture à contribution ; et le capitaine ainsi que l'armateur sont seuls responsables, envers le chargeur directement atteint, du préjudice que lui occasionne la perte de ses marchandises.

Il convient d'ailleurs de rappeler que cet arrêt souleva de très vives critiques (5), notamment de M. Lyon-Caen dans le *Recueil de Sirey* (6), et de M. de Çourcy dans la *Revue critique* (7).

---

(1) *Allg. deutsch. Handels G. B. art.,* 704. « Die Anwendung der Bestimmungen über grosse Haverei wird dadurch nicht ausgeschlossen, dass die Gefahr in Folge des Verschuldens eines Dritten oder auch eines Vertheiligten herbeigeführt ist. — Der Vertheiligte, welchem ein solches Verschulden zur Last fællt, kann jedoch nicht allein wegen der ihm etwa entstandenen Schæden keine Vergütung fordern, sondern er ist auch den Beitragsflichtigen für den Verlust verantwortlich, welchen sie dadurch erleiden, das den Schaden als grosse Haverei zur Vertheilung kommt.— Ist die Gefahr durch eine Person der Schiffsbesatzung verschuldet, so trægt die Folgen dieses Verschuldens auch der Rheder nach Massgabe der art. 451 452 ».

(2) Art. 192.

(3) V. *Assoc. for the Ref. and Codif, L. of. Nat.; Liverpool Conf.* 1890, p. 171 (Opinion de M. Elmslie).

(4) Cass. 6 juin 1882. Dall., 1883, I. 185 ; Sir., 1882, I. 49 ; *J. Pal.* 1882, 1020.

(5) V. cependant dans le sens de l'arrêt, la note de M. Levillain, dans le *Recueil de Dalloz*, 1883, I. 185 ; de même Desjardins, *Tr. de droit maritime*, IV. 1019.

(6) *Sir.*, 1882, I. 49, en note de l'arrêt rapporté.

(7) *Rev. crit. de législ.*, 1883.

En Italie (1), en Belgique (2), en Hollande (3), la loi déclare formellement que la faute met obstacle à la contribution (4).

La règle 9 d'York et d'Anvers était de fraîche date, elle n'avait été introduite qu'en 1890 à la Conférence de Liverpool. Mais telle qu'elle était rédigée elle pouvait laisser prises à des doutes; cela ne tarda pas à se manifester; quelques mois après, en effet, une contestation sur son interprétation était portée devant le tribunal de Marseille (5). Je me hâte d'ajouter que la décision fut rendue conformément à l'esprit du texte, le tribunal déclara le capitaine en faute non recevable à poursuivre en son nom le règlement d'avaries communes, mais d'autre part, ordonna que ce règlement d'avaries communes serait poursuivi entre les divers intéressés sur chargement.

Pour mettre fin à toute incertitude, la Commission italienne proposait « d'établir d'une manière plus claire et plus explicite que la faute de l'armateur ou du capitaine n'empêche pas que le chargeur dont la marchandise a été brûlée, pour manque de charbon, fasse participer les autres chargeurs à la perte qu'il a subie. »

En conséquence la Section a adopté la rédaction suivante à la place de l'ancienne :

---

(1) *Cod. co.*, art. 643, 19° « Non sono considerati avarie communi, ancorchè incontrati volontariamente per il bene e la salvezza comune, ì danni sofferti dalla nave o le spese fatte per essa, quando provengano da vizio o vetustà della nave, ovvero da colpa, o da negligenza del capitano o dell'equipaggio ».

(2) *C. co.*, livre *II* (*loi du* 21 *août* 1879), art. 103. § 3. « Si la relâche est motivée par des avaries qui soient reconnues provenir du vice propre du navire ou d'une autre cause imputable au capitaine ou à l'équipage, les dépenses sont avaries particulières au navire ».

(3) *C. co.* (*trad. Trypels*), art. 700. « Si les frais sont causés par des vices internes du navire, par son innavigabilité, ou par la faute ou la négligence du capitaine et de l'équipage, ils ne sont pas réputés avaries communes, quoiqu'ils soient faits volontairement et après délibération prescrite pour le bien du navire et du chargement ».

(4) V. l'art. 809-9° du *C. co. espagnol;* 1124, 1126 *C. co. chilien;* ces textes ne paraissent pas absolument formels. L'art. 1478 du *C. co. Argentin* l'est au contraire absolument. « Les frais provenant du vice propre du navire, de son innavigabilité, ou de la faute, ou de la négligence du capitaine, ou de l'équipage ne seront pas réputés avaries grosses, quand même ils seraient faits volontairement après délibération motivée dans l'intérêt du navire et de la cargaison ».

(5) Aff. capt. Murray c. Verminck et autres, trib. de Marseille, 10 décembre 1890. *Rev. intern. du droit marit.*, VII, 321.

« RÈGLE 9. — *La cargaison, les provisions et les objets d'inven-*
« *taire du navire qu'on aura dû brûler comme combustible pour le*
« *salut commun seront admis en avarie commune. — Cependant*
« *les objets d'inventaire du navire et les provisions ne seront pas*
« *admis en avarie commune, s'il n'est pas prouvé qu'une ample pro-*
« *vision de charbon a été faite. — Mais la quantité du charbon, qui,*
« *suivant estimation, aurait été consommée, calculée à la valeur*
« *courante du dernier port de départ du navire et à la date de son*
« *départ pour l'expédition, sera portée au débit de l'armateur du*
« *navire et au crédit de l'avarie commune.* »

En quatrième lieu, la Commission proposait de consacrer un usage commercial aujourd'hui répandu, qui consiste à classer, dans certains cas, comme avaries communes les *réparations provisoires d'avaries particulières.*

Sans aucun doute, sont avaries grosses les dépenses occasionnées par les réparations purement *provisoires*, qui, n'augmentant en rien la valeur du navire, sont rendues nécessaires à la suite d'un dommage admis lui-même en avarie grosse. Mais la règle proposée se réfère au cas où le dommage à réparer est, à la vérité, avarie particulière, mais où le capitaine, faute de moyens pour procéder aux réparations nécessaires se trouve dans la nécessité ou de rompre son voyage ou de faire exécuter *provisoirement* des réparations qui permettent au navire d'atteindre le port de destination ou, tout au moins, de gagner le port le plus proche.

En conséquence, on proposa et adopta l'insertion d'une règle nouvelle (formant la *Règle 12*) portant :

« RÈGLE 12. — *Les réparations provisoires d'avaries particu-*
« *lières, faites dans un port de relâche forcée seront exception-*
« *nellement admises en avarie commune dans le cas où le navire se*
« *trouve dans de telles conditions qu'il ne peut plus continuer le*
« *voyage sans ces réparations, et que les réparations définitives ne*
« *sont pas possibles ou demandent une durée assez longue ou des*
« *dépenses communes assez considérables pour compromettre le résul-*
« *tat du voyage. — Il faudra déduire de l'avarie commune tout ce*
« *qui, des réparations provisoires, peut être utilisé dans les répara-*
« *tions définitives.* »

Enfin la règle 18 (devenue règle 19 par suite de l'insertion de la nouvelle règle 12) a été également l'objet d'une modification. Cette règle a pour objet de déterminer, à défaut de conventions spéciales entre parties de nationalités différentes, la *loi applicable aux règlements d'avaries*.

Cette disposition n'existait pas dans les règles d'York et d'Anvers de 1877. Elle y avait été introduite à la Conférence de Liverpool en 1890, et, avec raison, elle ne tranchait pas absolument la difficulté.

En ce qui concerne la forme du règlement d'avaries, il est incontestablement exact d'appliquer la loi du port de déchargement : c'est appliquer simplement la règle « *locus regit actum* ».

Mais en ce qui concerne le fonds, on sait combien la question est discutable et discutée. Doit-on appliquer également la loi du port de déchargement *lex rei sitæ* ? ou ne doit-on pas plutôt appliquer la loi du pavillon ?

La solution, qui jusqu'ici a prévalu dans la pratique des places de commerce est celle qui applique la loi du port de déchargement (1). C'est, dit-on, appliquer au navire, qui, en somme, est un bien mobilier, la *lex rei sitæ*, règle ordinaire des meubles. De plus cela concorde avec l'usage général de dresser le règlement d'avaries au port de déchargement. Enfin (et c'est un argument que les dispacheurs ne manquent jamais de faire valoir), s'il fallait appliquer la loi du pavillon du navire, le travail des dispacheurs n'y suffirait pas, car il leur faudrait connaître la loi maritime de tous les pays, sans compter la leur.

— Il est vrai que le règlement d'avaries se fait au port de déchargement. Certes la diversité des lois et des usages est une source de difficultés, et la solution admise en pratique facilite beaucoup la tâche non seulement des dispacheurs mais encore des juges. Cependant nombre de personnes pensent qu'il n'y a pas là, pas plus que dans les autres arguments, des raisons décisives pour rejeter la loi du pavillon. Si le port de déchargement était toujours connu d'avance, on pourrait bien déclarer la loi de ce port applicable au règlement d'avaries. Mais bien souvent on ne peut pas le connaître d'avance : tantôt le navire déroute et est arrêté à une relâche forcée; tantôt le navire n'est dirigé que sur un port d'ordre, et jusquelà on ne sait pas encore son véritable port de destination. Enfin, comme on le faisait remarquer à Liverpool, il y a des navires qui partent pour deux ou trois ans, et qui n'ont en réalité aucun port

---

(1) Le Code de commerce de Portugal a formellement adopté cette solution, art. 650.

2

de reste. — Or, n'est-il pas singulier qu'un accident imprévu comme une relâche forcée, ou un ordre donné par l'agent d'un des intéressés, ait une influence décisive sur les obligations des parties, au point de déterminer la loi qui les régit? N'est-on pas en droit de craindre qu'au port d'ordre l'agent dirige le bâtiment vers un port où tel ou tel des intéressés trouvera une position plus favorable?

Tous ces inconvénients la loi du pavillon ne les présente pas, car elle est sûre, elle est connue d'avance et sans surprise.

Après de longues discussions la conférence de Liverpool avait finalement décidé d'admettre le texte proposé par la *Association of Average Ajusters* qui est la suivante :

> « A l'exception de toutes dispositions formulées dans les règles précédentes, le règlement des avaries communes se fera conformément à la loi et aux coutumes qui auraient servi de base au règlement si le contrat d'affrétement n'avait pas contenu la clause que les avaries communes seront payables conformément à ces règles. »

La disposition tournait ainsi la difficulté plutôt qu'elle ne la tranchait : mais elle avait l'avantage de pouvoir être admise en pratique par les intéressés des différents pays maritimes.

La Commission italienne de Gênes voulut, au contraire, une règle plus décisive. Elle proposa hardiment la solution consacrant la loi du port de déchargement, en s'appuyant principalement sur cette raison que, les véritables intéressés à la formation du règlement étant, en général, les consignataires du chargement, « il est plus convenable et plus juste que la loi du lieu où le règlement est fait et où, par conséquent est établie l'évaluation des objets contribuants et des objets sacrifiés, doive régler les rapports entre le navire et les susdits intéressés ».

On adopta cette manière de voir et, en conséquence, la disposition suivante fut admise pour remplacer celle de Liverpool :

RÈGLE 19. — *Pour tout ce qui n'est pas prévu par les règles pré-*
« *cédentes, l'avarie commune sera réglée d'après les lois ou les usages*
« *du lieu de destination. — Si le voyage est rompu dans un port de*
« *relâche forcée, on appliquera la loi du lieu. — Si dans le lieu de*
« *relâche manquaient absolument les moyens de dresser le règlement*

« *d'avarie commune, celui-ci devra être fait dans le port d'attache*
« *du navire ou selon la loi de ce port* ».

B. — Au sujet des *connaissements,* la Commission de la deuxième
section proposait la discussion d'un modèle de connaissement basé
sur les solutions admises dans les règles dites de Hambourg et de
Brême.

Ici la question la plus délicate est celle de la responsabilité res-
pective de l'armateur et du capitaine vis-à-vis des chargeurs.
Je ne veux pas reprendre ici l'étude de cette délicate question, qui
a été déjà si souvent traitée soit dans les Congrès, soit dans les
livres et les brochures (1).

Dans ses grandes lignes, le débat est le suivant :

De droit commun et en l'absence de toute stipulation spéciale,
l'armateur répond vis-à-vis des chargeurs non seulement de ses
propres fautes, mais encore de celles de ses subordonnés, c'est-à-
dire du capitaine, des officiers du bord et de l'équipage. Bien plus,
une avarie est-elle signalée au chargement lors du débarquement,
c'est à l'armement à prouver que cette avarie ne lui est pas
imputable et qu'elle provient d'un cas fortuit ou de force majeure.

Cette responsabilité, devenue plus lourde encore aujourd'hui
par la valeur plus grande des chargements, par la marche rapide
des steamers, et par l'encombrement des routes maritimes, serait
écrasante pour les transporteurs. A la vérité, comme j'ai eu l'occasion de le rappeler au commencement de ce rapport, le législateur s'est presque partout préoccupé de la limiter. Mais ces limitations ne trouvent guère leur application qu'en dehors du contrat
de transport. Et le champ des responsabilités serait resté d'une
dangereuse étendue, si les armateurs n'avaient cherché à le restreindre eux-mêmes dans leurs conventions. Par une pratique devenue générale, en effet, ils ont peu à peu inséré dans leurs con-

(1) V. notamment : Lyon-Caen, *Le Congrès international de dr. comm.
d'Anvers* (*J. dr. int. pr.,* XII, 608); — Harrington Putnam, *Des clauses non-
garantie dans les connaissements aux U. St.* (New-York, 1889; — W.
Lewis, *Die neuen Konnossementsklauseln und die Stellung der Gesetzge-
bung denselben gegenüber erörtert* (Leipzig, 1885); — Lejeune, *Des clauses
d'irresponsabilité dans les connaissements* (Anvers, 1885); — De Valroger,
Des clauses d'exonération au profit des propriétaires de navires (*Rev.
intern. dr. marit.,* V, 143); — Govare et Morel, *La clause de négligence
d'après quelques décisions récentes de la jurisprudence anglaise* (*Ibid.,*
363); — Gray Hill, *Restrict. by contract upon liability of shipowners*
(London, 1891).

naissements des clauses de plus en plus nombreuses, dans lesquelles, s'efforçant de prévoir toutes les causes possibles de dommages pour le chargement, ils stipulent par avance n'assumer aucune responsabilité du chef des avaries ou préjudices provenant des fautes ou de cas fortuits.

Que ces clauses soient juridiquement valables, il n'y a plus guère que la jurisprudence des Cours américaines qui le nie aujourd'hui (1). En France (2), en Angleterre (3), en Allemagne (4), en Italie (5), en Hollande (6), les Cours en général, en reconnaissent la validité.

Mais il est facile d'apercevoir que ces stipulations ne sont si favorables à l'armement qu'au détriment des chargeurs : car ceux-ci se trouvent supporter de la sorte non seulement tous les risques fortuits de la mer, mais encore les suites de toutes les négligences ou fautes de l'armateur ou de son personnel. Ce qui est à l'avantage de l'un ne l'est qu'au préjudice de l'autre et réciproquement. De là une opposition d'intérêts, qui sont, en somme, aussi dignes de protection les uns que les autres et qu'on s'efforce de vouloir concilier.

Parmi les nombreux projets émis dans les différents Congrès, un des plus importants est celui de Liverpool (1882). Il était présenté à l'*Association for the reform and codification of the Law of nations* par un comité spécial de la chambre de commerce de Liverpool, composé de commerçants, d'armateurs, d'assureurs et de délégués de la *Liverpool Law Society*. Ce projet qui fut alors adopté, admettait la responsabilité du propriétaire pour les faits de ses su-

---

(1) L'arrêt fondamental de cette jurisprudence est celui qui fut rendu dans l'affaire du « Montana », Liverpool and Great Western Steam Co. *v.* Phœnix Insurance Co. —V. Sh. Rep. CXXIX, 397.

(2) V. notamment Cass. 31 juillet 1888. *Rev. int. dr. marit.*, IV, 129. — Cass. 20 juillet 1891 : *ibid.* VII, 115.

(3) V. le *Duero* L. R. Ad. et Ec. II, 393 (1869) ; Taubman *v.* Pacific Co. L. T. (n. s.) : XXVI, 704 (1872) ; Steel *v.* State Line Steamship Co. App. Cas. III, 72 (1878) ; *Re* the Missouri steamship Co. lim. ; Monroe's claim. T. L. V, 438 (2 mai 1889) ; Legrand et Cⁱᵉ *c.* Grammit. *Rev. int. dr. marit.*, VI, 706 (19 janvier 1891).

(4) V. notamment Reichsgericht, 16 juin 1883, *Journ. dr. int. privé*, 1886, 314.

(5) Cass. Florence, 14 juillet 1887, *Rev. intern. dr. marit.*, III, 764.

(6) Cass., 18 novembre 1887, dans l'affaire « Nederlandsche Amerkaansche Stoomvaart Maatschappij, *c.* Rorthals Altes. *Rev. int. dr. marit.*, IV, 471. V. également : Nddeutsche. Versich. Gesellsch., *c.* De Koninklyke Nederlandsche Stoomvaart Maatschappij, *ibid.* V, 399.

bordonnés en tout ce qui concerne les opérations ordinaires du transport, telles que la manutention des marchandises, la livraison régulière du chargement, etc. ; mais, d'autre part, le propriétaire était exempt de toute responsabilité du chef des accidents de navigation, encore qu'ils puissent être rattachés à quelque faute de l'équipage.

En 1885, la même association tenant sa conférence à Hambourg, en présence d'un très petit nombre d'armateurs, décida de restreindre l'exemption de responsabilité aux erreurs de jugement du capitaine, des officiers et de l'équipage. Cette résolution souleva naturellement les plus vives critiques de la part des armateurs, et à la Conférence de Londres, en 1887, on décida d'abroger la résolution prise à Hambourg et de revenir à celle de Liverpool. C'est alors que les chambres de commerce de Hambourg et de Brême, s'entendant avec les associations d'armateurs, de l'Elbe et du Weser proposèrent un modèle de connaissement fournissant un ensemble de règles générales sur ce sujet.

La base de ces règles consiste, comme on le sait, dans la distinction entre les fautes que le capitaine peut commettre en qualité d'agent commercial de l'armateur et celles qu'il peut commettre en qualité de marin. Les clauses de non-responsabilité ne sont permises que pour les fautes nautiques, l'armateur restant pleinement responsable des fautes commerciales.

Ce système a été, depuis lors, discuté, critiqué de tous côtés, et je pense inutile de revenir ici sur les arguments qui ont été tant de fois donnés pour ou contre cette solution du problème. Mais il faut reconnaître que c'est une des tentatives de conciliation qui ont jusqu'ici réuni le plus de suffrages.

La Commission italienne demandait s'il fallait agréer en principe cette distinction. On fut d'avis de l'adopter. Et les deux premières règles sont conçues dans ce sens (V. Appendice I).

Le principe une fois admis, les autres règles furent adoptées presque sans discussion.

Je mentionnerai cependant les résolutions suivantes, surtout la première d'entre elles, qui offre un certain intérêt.

La règle 15 relative aux clauses : « que dit être » « poids inconnu » « quantité, qualité inconnues », fut rendue plus explicite par l'addition de la portée juridique à donner à ces stipulations. Elles signifient apparemment que le poids, la mesure, la qualité, le contenu ou la valeur des marchandises doivent être considérés comme ignorés du capitaine. Cependant la proposition de la commission italienne était utile, car, quelque anciennes que soient ces dispositions insérées dans tous les connaissements, la jurisprudence des différents pays ne les interprète pas d'une façon identique.

En France (1) et en Angleterre (2) elles ont ordinairement pour résultat d'intervertir l'*onus probandi* et d'obliger le chargeur à prouver la faute du capitaine, en cas de différence dans le poids, la mesure ou la qualité.

La Commission fit remarquer, avec raison, que ce système tourne injustement au désavantage des intéressés sur le chargement. Car la preuve que la différence provient d'une faute du capitaine ou de l'équipage peut être souvent très difficile à faire, parfois même impossible, et alors quelque grave que soit la perte ils la doivent supporter.

En Italie (3) l'opinion semble prévaloir que si ces clauses affranchissent le capitaine des conséquences d'une faute légère, elles ne l'autorisent cependant pas à consigner une quantité par trop inférieure à celle qui est indiquée dans le connaissement. Cette jurisprudence est également assez médiocre. Comme on l'a fait également observer, elle manque de précision, car elle laisse à la merci du juge de décider le montant du déchet et le point à partir duquel le capitaine est responsable. Et si on s'attache simplement à rendre le capitaine responsable pour tout ce qui dépasse le déchet naturel, on supprime à peu près toute l'efficacité de ces stipulations, puisqu'en leur absence le capitaine ne pourrait être rendu responsable de la perte due soit à la nature même des marchandises, soit aux conditions atmosphériques.

Aussi a-t-il paru plus équitable et plus logique d'obliger le chargeur, à qui ces clauses sont opposées, à prouver non pas la faute du capitaine, mais seulement l'état véritable du chargement, quitte au capitaine à prouver à son tour pour se libérer qu'il n'a commis aucune faute (4).

(1) Cf., Cass. 29 novembre 1881. *Dall.*, 1882, I, 70 ; — Cass. 11 février 1884. *Dall.* 1884, 1, 399 ; — Trib. co. de la Seine, 16 avril 1887, *Rev. int. dr. marit.* III, 37 ; — Trib. co. de Dunkerque, 23 décembre 1890, *ibid.* VII, 672.

(2) Cf. « *The Ida* », II *Aspinall's Rep.* (n. s.), 551 (1875) ; — City Court of London, 13 novembre 1888, *Rev. intern. dr. marit.*, IV, 574. — Voir cependant : « *The Prosperino Palasso* », II Aspin., 158 (1873).

(3) V. Cour d'appel de Gênes, 23 décembre 1888, *Rev. intern. dr. marit.*, IV, 583.

(4) Voir en ce sens une décision de la jurisprudence danoise, Trib. marit. de Copenhague, 13 mars 1890, *Rev. int. dr. marit.*, VII, 590.

C'est ce qu'avec raison, selon nous, on a admis dans la règle suivante :

« RÈGLE 15. — *Lorsque le connaissement contient les clauses* que
« *dit être, poids, mesure inconnus, ou tout autre équivalente, le capi-*
« *taine est exonéré de répondre de la non conformité, quant au con-*
« *tenu, au poids, à la mesure, etc... des marchandises, aux indica-*
« *cations signées dans le connaissement. Mais le consignataire aura*
« *toujours le droit de prouver le contenu, le poids, la mesure, etc...*
« *des marchandises embarquées* ».

Je signalerai encore l'insertion de trois règles nouvelles : l'une (*règle 18*) détermine la portée des clauses « *franc de casse* », « *franc d'avarie* », « *franc de coulage* », etc., et leur donne pour effet « d'exonérer le capitaine de l'obligation de répondre des bris d'objets fragiles ou sujets à une facile détoriation ou au coulage, à moins que la faute du capitaine ou de toute autre personne de l'équipage ne soit prouvée ».

Une autre (*règle 19*) a pour but d'écarter un doute qui s'est parfois élevé relativement à la faculté d'abandon du navire et du fret. L'armateur qui a signé les connaissements personnellement ou par l'intermédiaire d'un de ses agents aux lieu et place du capitaine, conserve-t-il quand même le droit d'user de la faculté d'abandon ? (1).

La règle proposée et admise adopte à cet égard la solution déjà consacrée par notre jurisprudence française (2).

« RÈGLE 19. — *La signature apposée au connaissement aux lieu*
« *et place du capitaine, par les armateurs ou leurs représentants, ne*
« *pourra dans aucun cas être invoquée dans le but de rendre les*
« *armateurs personnellement responsables des faits du capitaine ou*
« *de toute autre personne de l'équipage dans l'exécution du contrat* ».

Enfin dans la dernière règle (*règle 20*) on résolut d'établir l'indépendance du connaissement dans ses rapports avec la charte-

---

(1) Le doute ne serait pas possible en Allemagne, où le Code de commerce (art. 452, § 2) accorde à l'armateur la faculté d'abandon même dans le cas d'inexécution d'une obligation personnellement contractée, du moment que l'opération rentrait dans les attributions du capitaine.

(2) Cf., cass., 22 mai 1867.

partie, par l'adoption d'une règle déjà consacrée également par notre jurisprudence française (1).

« RÈGLE 20. — *Le connaissement fixe les rapports entre le capi-*
« *taine et le porteur de ce connaissement. — Les conditions et les*
« *clauses de la charte-partie ne pourront être invoquées contre ce*
« *dernier que si elles sont expressément indiquées* ».

ǀ § 3

La troisième section avait comme sujet d'étude la matière des *Assurances maritimes*, et elle limita son travail à deux questions : — l'hypothèse du concours de plusieurs assurances sur la même chose pour les mêmes risques ; — et la théorie du délaissement.

En ce qui touche le *concours des assurances*, la difficulté est de respecter le caractère fondamental de l'assurance, qui est d'être un contrat d'indemnité, qui ne saurait être une source de gain pour l'assuré. Dans la rigueur des principes on devrait refuser toute efficacité à un second contrat d'assurance sur la même chose et contre les mêmes risques, lorsque le premier contrat en couvre déjà le valeur totale. — C'est le système dit *de l'ordre des dates*, admis en France (2), en Hollande (3), en Belgique (4), en Espagne (5), en Portugal (6), et généralement dans l'Amérique du Sud (7) : S'il existe plusieurs contrats d'assurances faits sans fraude sur la même chose, dit l'art. 359 du Code de commerce français, et que le premier contrat en assure la valeur entière, il subsistera seul et les assureurs subséquents seront libérés. Si l'entière valeur de la chose n'est pas couverte par le premier contrat, les assureurs subséquents répondent de l'excédent en suivant l'ordre des dates des contrats.

Cette solution se conçoit bien si c'est une même personne qui a contracté plusieurs assurances sur une même chose. Mais le très

(1) Cf., trib. co. Marseille, 19 septembre 1874 (*Rapport*, p. 45, en note). Telle paraît être également la jurisprudence italienne. V. Cour d'appel de Gênes, 26 décembre 1875 (*ibid.*) ; id., 12 février 1885 (*ibid.*).

(2) C. co., art. 359.

(3) C. co., art. 277, 280.

(4) L. belge du 11 juin 1874, art. 11.

(5) C. co., art. 782.

(6) C. co., art. 1772.

(7) V. C. co. chilien, art. 521 et s. ; — du Brésil, art. 683 ; — du Pérou, 916 et s.

grand développement qu'ont pris de nos jours d'une part les assurances *pour compte de qui il appartient*, et d'autre part l'usage des
polices d'abonnement, a rendu beaucoup plus pratique l'hypothèse
où les assurances sont contractées par des intéressés différents.
Dans ce cas la solution nous est donnée par le Code allemand (1) et
c'est la suivante : Si le commettant, dont l'assurance est postérieure, invoque, et ratifie par là, l'assurance du commissionnaire,
première en date, la sienne propre doit être réduite ou annulée ;
car il ne peut invoquer les deux. Si le commettant, dont l'assurance est postérieure, ne ratifie pas l'assurance première en date du
commissionnaire, il peut s'en tenir à la sienne propre.

Un système tout différent est au contraire édicté par le Code
italien (2) et en usage en Angleterre. Il consiste à admettre la validité de toutes les assurances contractées de bonne foi et à laisser à
l'assuré le choix d'agir contre tel ou tel des assureurs, sauf recours
entre ces derniers qui doivent supporter la somme payée *by way of
contribution*.

La Commission italienne n'a pas craint de s'élever contre son
système national, par cette raison, notamment, que si toutes les
assurances doivent être valables, tous les (3) assureurs ont droit au
payement de la prime, et que de la sorte l'objet assuré vient à être
chargé de plusieurs primes d'assurances, ce qui est préjudiciable
au commerce. En conséquence on proposait et on fit admettre le système de l'ordre des dates, tel qu'il est pratiqué en Allemagne et qu'on
l'avait adopté au Congrès d'Anvers : on a distingué l'assurance
stipulée directement par celui qui court le risque ou par son mandataire désigné et l'assurance stipulée pour compte par d'autres
intéressés sans mandat direct. On fit remarquer (4) que de la sorte

---

(1) C. co. allemand, art. 794. « *Im Falle der Doppelversicherung hat
nicht die zuerst genommene, sondern die später genommene Versicherung rechtliche Geltung, wenn die frühere Versicherung für fremde
Rechnung ohne Auftrag genommen ist, die spätere dagegen von dem
Versicherten selbst genommen wird, sofern in einem solchen Falle der
Versicherte entweder bei Eingehung der späteren Versicherung von der
früheren noch nich unterrichtet war, oder bei Eingehung der späteren
Versicherung dem Versicherer anzeigt, dass er die frühere Versicherung zurückweise* ». — C'est ce qui vient d'être admis dans le nou-
veau code maritime suédois, art. 193, 195. — Comp. aussi Code de Fin-
lande, art. 189.

(2) C. co., art. 608.

(3) *Rapport*, p. 8.

(4) *Ibid*, p. 9.

chaque commerçant peut assurer sa marchandise chez son assureur de confiance, ce qui est tout à fait « conforme non seulement à l'équité et à la justice, mais aussi aux intérêts du commerce maritime. Si un commerçant a directement et diligemment pourvu à l'assurance des marchandises qui lui appartiennent, les autres assurances doivent être considérées comme étant stipulées pour le cas où le véritable intéressé, pour le compte duquel elles ont été faites, n'aurait pas été directement couvert par l'assurance. Il est donc juste que l'assurance directement stipulée par le véritable intéressé doive avoir plus d'efficacité que les autres, de même qu'il n'y a aucune raison pour obliger l'assuré à agir contre l'assureur choisi par un commissionnaire à l'insu du véritable intéressé, assureur résidant souvent à l'étranger, et, quelquefois, peu solvable ». Ce qui n'arrive que trop souvent.

De là la résolution suivante :

« a) *Si plusieurs assurances sur une seule chose et pour les mêmes*
« *risques sont stipulées par l'intéressé, ou par ses mandataires avec*
« *mandat direct, la première assurance, par raison de date, est la*
« *seule valable, si elle couvre l'entière valeur de la chose assurée.*
« *Si la valeur totale n'est pas couverte par la première assurance,*
« *les assurances postérieures tiendront par ordre de date jusqu'à*
« *concurrence de la valeur de la chose.*

« b) *Si plusieurs assurances sont stipulées par différentes per-*
« *sonnes pour compte de qui il appartient, sans mandat direct, et*
« *s'il y a aussi une assurance stipulée par celui qui courait le risque*
« *et qui a droit au payement de la somme assurée ou par son manda-*
« *taire direct, cette dernière assurance doit avoir la préférence sur*
« *celles qui n'ont pas été stipulées par le véritable intéressé ou par*
« *son mandataire direct.*
« *Si cette assurance ne couvre pas l'entière valeur de la chose*
« *assurée, les suivantes seront valables par ordre de date, jusqu'à*
« *concurrence de la valeur totale.*

« c) *Dans le cas où il n'y a pas d'assurance conclue directement*
« *par l'intéressé ou par son mandataire direct, et s'il y a seulement*
« *des assurances conclues par d'autres, pour compte de qui il appar-*
« *tiendra, la première assurance, par ordre de date, sera préférée ;*
« *et si elle ne couvre pas l'entière valeur de la chose assurée, jusqu'à*
« *concurrence de la dite valeur, viendront les suivantes par ordre de*
« *date.*

« d) *En cas de concours de polices d'abonnement à forfait avec
« des polices ordinaires, la date des assurances comprises dans la
« police d'abonnement est la date de la police même. Dans le cas où
« il s'agit d'une police d'abonnement qui oblige l'assuré à dénoncer
« chaque événement de risque, la date de l'assurance est fixée par le
« commencement du risque.*

« *Les assureurs qui n'auront pas couru de risques seront tenus à la
« restitution de la prime* ».

A l'égard du *délaissement*, la Commission posait la question de
savoir si cette pratique devait ou non être conservée et, si oui,
dans quels cas il fallait l'admettre.

Reconnaissant que si le délaissement est une mesure exceptionnelle, il se justifie cependant par le fait que les sinistres arrivent
généralement loin des assureurs et des assurés ; que parfois (comme
dans le cas de défaut de nouvelles) l'assuré est privé de sa chose
sans cependant qu'il puisse le prouver avec certitude, on déclara
que ce droit devait être maintenu dans les assurances maritimes.

D'un autre côté, on proposa d'abolir le cas de délaissement pour
perte des trois quarts, car dans cette hypothèse la chose se trouve
encore en la possession de l'assuré, qui peut par conséquent bien
fournir la preuve de la perte effectivement subie. On remarquera
d'ailleurs que, en pratique, la plupart des polices sur corps contiennent une stipulation analogue.

J'ajoute qu'en restreignant le droit de délaissement au cas de
perte totale ou destruction de la chose assurée, on y comprit cependant les sinistres équivalents, c'est-à-dire les cas de prise, d'arrêt
du prince, le manque de nouvelles, la non-arrivée de la marchandise à destination, l'impossibilité intrinsèque et extrinsèque de
réparation.

§ 4

— La *section IV* avait pour mission l'étude des questions relatives à l'abordage, l'assistance maritime et les sauvetages.

La Commission s'était donné tout d'abord comme but de tenter
de mettre fin aux conflits de compétence entre les tribunaux des
divers États. Et pour cela, s'appuyant sur la nature extra-territoriale de la haute mer, sur ce fait que n'appartenant à aucun État

elle n'est sujette à aucune juridiction, et enfin sur les caractères particuliers de l'abordage qui en font comme un délit ou quasi-délit à part, on proposa la création d'une juridiction internationale maritime à soumettre à l'agrément des divers États.

La nouvelle juridiction comporterait deux degrés : elle appartiendrait en premier degré à un tribunal arbitral au lieu de la première relâche, et — si on ne pouvait établir la priorité de la relâche — au tribunal qui aurait été saisi le premier de l'affaire ; en deuxième degré, à des cours suprêmes maritimes (au nombre de cinq), dont la décision serait définitive et irrévocable.

On peut trouver cette idée belle en théorie ; en pratique, il sera permis de douter un peu de sa valeur. Mais je me borne à la signaler ici (1), la discuter serait l'objet d'une étude particulière.

A propos de l'abordage, je mentionnerai encore plusieurs résolutions qui ont été proposées ou prises par la section IV du Congrès et qui ont quelque intérêt.

La Commission avait proposé une règle à faire insérer dans le règlement uniforme agréé par les différents États, en vigueur en France depuis le 1er septembre 1884, relatif aux mesures à prendre pour éviter les abordages.

Cette proposition avait pour objet d'éviter les collisions qui peuvent se produire entre deux navires, dont l'un entre dans un port et l'autre en sort. Le texte portait : « De deux navires, dont l'un entre dans un port et l'autre en sort, le deuxième devra laisser la manœuvre libre au premier ».

La Section jugea que cette règle était trop technique et trop spéciale pour être de la compétence du Congrès, et on la laissa de côté. Il sera permis de regretter qu'on n'ait pas au moins émis un vœu en sa faveur. En effet, la proposition paraît conforme aux exigences de la navigation. Il est en effet plus facile pour le navire sortant de voir si la route est libre que pour le navire entrant ; il y a bien les signaux d'interdiction qui annoncent aux navires en rade le bâtiment sortant, mais bien souvent le navire entrant est déjà engagé dans la passe et il ne peut guère reculer. Les voiliers notamment, qui font route pour entrer, peuvent être dans l'impossibilité de regagner la haute mer si la passe est trop étroite pour leur permettre de virer ; on remarquera d'ailleurs que le voilier qui entre vent arrière, avec un vent assez fort, conserve d'habitude ses voiles d'avant plus que ses voiles d'arrière, afin d'éviter

(1) V. Appendice II.

d'être mis en travers par les lames ; et si le bâtiment devait virer
à ce moment vers le large, le bateau ne serait plus équilibré, mais,
n'ayant que ses voiles d'avant, il courrait le risque d'être jeté à la
côte par le vent et la mer sans pouvoir gouverner.

Il est donc à souhaiter de voir cette règle insérée dans la législation en vigueur.

Une autre proposition, beaucoup plus importante au point de
vue juridique, a été votée: elle se rapporte à la question de savoir
quelle loi doit être appliquée lorsque l'abordage a lieu en haute
mer et entre navires de nationalités différentes. C'est une question
fort débattue et qui depuis longtemps déjà a fait l'objet d'études
très savantes.

Notre jurisprudence française (1), lorsqu'elle est saisie, se borne
à appliquer la *lex fori*, c'est-à-dire la loi française. On peut regar-
der cette solution comme très critiquable, car elle donne au de-
mandeur, qui choisit son tribunal, en même temps le choix de la
loi à laquelle il sera soumis.

Je ne reviens pas sur les arguments qu'on a pu faire valoir en
faveur de l'application soit du droit naturel sous forme d'un pré-
tendu droit commun maritime international, soit de la loi du
navire abordé. Je rappellerai seulement la solution qui semble la
plus conforme aux principes juridiques et qui a été consacrée par
l'Institut de droit international (en 1888). D'après ce système, la
responsabilité du propriétaire et du capitaine doit être appréciée
d'après leur loi nationale, car il ne peut y avoir de faute de leur
part que si cette loi leur imposait une obligation. D'autre part, ils
ne peuvent réclamer d'indemnité que dans la mesure où leur loi
nationale leur en accorde, car il serait inique de les faire bénéfi-
cier d'une indemnité que leur propre loi leur refuse.

Sur la proposition de la Commission, on adopta une règle un
peu différente. On fit observer d'une part, que la haute mer, où la
collision est supposée se produire, n'est soumise à aucune loi particulière ; d'autre part, ajouta-t-on, « ce n'est pas le choc matériel
« des deux navires qui engendre la responsabilité, c'est le fait du
« navire, c'est sa faute qui est la base de l'action juridique. Or, la
« collision s'est produite en pleine mer; mais la faute, où s'est-elle
« produite? Où a-t-elle pris naissance? A bord du navire en faute.
« Et si le navire est une partie du territoire de son État flottant

(1) V. notamment : Paris, 16 février 1882, *Journ. dr. intern. privé*, 1883,
145.

« sur les eaux, la faute née à son bord est soumise à la *lex loci*,
« c'est-à-dire à la loi du navire en faute (1). »

C'est sur ces considérations que la règle suivante a été adoptée :
« *Les limites et les effets de la responsabilité en matière d'abordage*
« *sont réglés par la loi de l'État du navire en faute. — En cas de*
« *faute commune ou de conflit entre les lois des deux navires en*
« *faute, la responsabilité est réglée* ex æquo et bono. *En cas de*
« *doute sur là faute, on appliquera la loi la plus favorable* ».

Enfin, en ce qui concerne les sauvetages, on s'est cru obligé
d'affirmer une fois de plus l'obligation d'assistance aux personnes.
C'est un principe qui est aujourd'hui entré dans la plupart des
législations positives (2). Et quant au sauvetage des choses, on l'a
déclaré facultatif. On a toutefois reconnu qu'il pouvait faire l'objet
de conventions, sujettes pourtant à être réduites en cas d'abus ou
d'excès.

Tels sont, en résumé, les travaux qui ont été élaborés au Congrès de Gênes. La critique générale qu'on peut faire de ce Congrès
est qu'il a été trop italien et pas assez international : l'élément
anglais, si important à consulter en matière maritime, n'y était
pas assez représenté. De plus, on a repris l'étude de questions déjà
bien des fois discutées et je ne sais si les solutions adoptées mar-
quent un grand progrès sur les précédentes. On n'en aura la
preuve que si la pratique les accueille. Les armateurs et les chargeurs accepteront-ils plus volontiers les règles de Hambourg? Que
penseront les assureurs anglais de tous ces remaniements des
règles d'York et d'Anvers? Les législateurs adopteront-ils la conception du navire personne morale? Les gouvernements consenti-
ront-ils à établir une juridiction maritime internationale?

Quoi qu'il en soit, un désir très sincère de concilier les intérêts
commerciaux des divers États et de hâter la solution des conflits
de législation a évidemment inspiré aux diverses Commissions du
Congrès des idées larges qu'on ne peut méconnaître.

Mais, en matière maritime, la plus belle conception théorique
n'est qu'une spéculation creuse et sans valeur si elle n'est pas
susceptible de se plier aux exigences matérielles de la vie de
mer.

(1) Rapport, p. 19.
(2) V. en France, la loi du 10 mars 1891 ; — en Angleterre, le *Merchant
shipping act* (1872) ; la loi du 18 novembre 1890, aux États-Unis.

APPENDICE I

Connaissement de Hambourg et Brême, modifié.

Chargé en bon état et condition extérieurs par M..... à bord du
vapeur..... capitaine M..... en destination de..... avec les marques et
numéros indiqués ci-contre pour être livré à..... à M..... contre le paiement du fret fixé à la somme de..... et des frais ci-contre.

En conformité des règles générales, en tant que des changements et
additions n'ont pas été apportés à celles de ces règles comprises par les
numéros II à XVII.

En foi de quoi le capitaine du dit navire a signé..... connaissements de
même teneur et de même date, en dehors de la copie du capitaine, qui a
été pareillement signée. L'exécution de l'un d'eux annulera les autres.

Fait le.....

RÈGLE I

L'armateur est responsable de ce que son navire est convenablement
appareillé, armé, équipé, approvisionné, en état de navigabilité et
capable de faire le voyage projeté. Il est également responsable de la
faute ou de la négligence de ses employés dans l'arrimage, la surveillance,
le traitement et la livraison de la cargaison. Toutes conventions ou
clauses contraires sont nulles, non avenues et sans force obligatoire.

RÈGLE II

L'armateur ne répond pas des dangers de mer, de l'incendie, du fait
de l'ennemi, des pirates, du brigandage à main armée, de la baraterie,
exclu le cas de dol ou faute grave, de l'embargo et autres mesures éma-
nées de la puissance souveraine. Il ne répond pas davantage du dommage
ou de la perte arrivée par collision, échouement ou autres accidents de
navigation, alors même que ce dommage ou cette perte devrait être
attribuée à une faute, une négligence ou une erreur technique du pilote,
du capitaine, des gens de mer ou autres employés de l'armateur. Il ne
répond pas non plus, des dommages ou pertes résultant d'explosion, de
rupture de chaudières ou de tuyaux, bris ou vice caché du navire ou de
la machine (pourvu que l'innavigabilité du navire ou le défaut des soins
auxquels est tenu l'armateur ou son préposé, n'en soit pas la cause), ni
des avaries, telles que putréfaction, morsures des rats ou des vers,
rouille, évaporation, décomposition, diminution de volume, coulage,
casse, détérioration dans le débarquement ou de tous autres dommages
résultant soit de la nature même des marchandises, soit des défauts non
apparents de leur emballage, soit enfin de leur contact avec d'autres
marchandises ou des exhalaisons de celles-ci, sauf les dispositions de
l'article précédent. Il ne répond pas davantage des erreurs causées par

les inexactitudes ou les insuffisances des adresses, par la disparition des marques, numéros, adresses ou signes quelconques, des marchandises formant la cargaison.

Règle III

Il est permis au navire de faire escale dans les ports intermédiaires (à moins que d'autres ports ne soient désignés dans le connaissement, car les conventions particulières demeurent réservées), de naviguer sans pilote, de remorquer les navires en détresse, même de s'écarter de sa route pour sauver les personnes ou les biens, et aussi, dans le cas où il s'arrêterait dans un port de relâche pour se faire réparer, d'expédier les marchandises à destination par un autre navire, enfin de les transporter par allège jusqu'au navire ou du navire, aux risques des chargeurs.

Règle IV

Les marques de qualité, s'il y en a, doivent être de la même grandeur que les marques principales, et elles seront juxtaposées à celles-ci. Si elles ont été indiquées par le second dans les notes d'embarquement le capitaine est obligé de signer des connaissements conformes.

Règle V

Le navire n'est pas responsable des matières d'or et d'argent, lingots, monnaies, documents, œuvres d'art et autres objets précieux, dont la valeur excède 2,500 francs par colis, à moins qu'on ait expressément déclaré la valeur dans le connaissement, et qu'une convention spéciale ne soit intervenue.

Règle VI

Les chargeurs sont responsables des dommages et pertes causées au navire ou à son chargement par les matières inflammables, explosibles ou dangereuses, lorsque ces matières auront été chargées sans une convention particulière ou une déclaration exacte de leur nature, et sans qu'il y ait à distinguer si les chargeurs connaissaient ou non le danger, ni s'ils les expédiaient pour leur propre compte ou pour le compte d'autrui. Le capitaine et l'armateur sont autorisés à détruire ou à jeter ces matières par-dessus bord, en tout temps, et sans dédommagement.

Règle VII

Les chargeurs et les consignataires sont responsables des amendes et dommages-intérêts que le navire ou son chargement ont à supporter, ou qui peuvent leur être imposées par suite d'inexactitude et d'insuffisance dans les marques des colis, dans l'indication de leur poids ou de leur contenu.

Règle VIII

Dès que l'armateur a délivré un reçu des marchandises, il en est responsable, comme si elles étaient chargées à bord, bien qu'elles soient encore sur le quai ou en allège.

Règle IX

Une fois chargées, les marchandises ne peuvent plus être retirées par le chargeur que contre le paiement intégral du fret et de l'indemnité due à l'armateur pour le dommage que ce retrait lui cause.

Règle X

Si le navire est empêché d'atteindre sa destination par quarantaine, blocus, glaces, ou acte hostile d'une puissance quelconque, le capitaine ou l'armateur est autorisé à décharger les marchandises dans un dépôt dans le lieu de la quarantaine ou dans un port convenable. Les chargeurs et les consignataires supportent les frais causés par ce dépôt.

Règle XI

Le fret entier est dû, bien que la marchandise ait été avariée ou diminuée par coulage. L'augmentation de poids par suite d'avaries maritimes ne donne lieu à aucun fret supplémentaire.

Règle XII

Si les marchandises ne sont pas retirées par le destinataire sous délai ou dans le délai prescrit par les règlements du port de débarquement, le capitaine est obligé (1) de les débarquer aux frais et aux risques de leurs propriétaires, ou à les faire charger sur des pontons ou allèges.

Règle XIII

Le navire a un droit de gage sur toutes les marchandises pour le paiement du fret et des dépenses accessoires, y compris le faux fret, les surestaries pour prolongation du voyage et expédition au port de destination, comme aussi pour les amendes, dommages-intérêts, frais et contributions aux avaries communes, ainsi qu'il est dit dans les règles VII et X. Le navire conserve le droit de récupérer contre le chargeur la différence entre le montant du fret stipulé et le produit de la vente des marchandises, lorsque le fret n'est pas acquitté d'une autre façon.

Règle XIV

En cas de réclamation pour livraison incomplète à l'arrivée du navire, le prix sera celui du marché au port de destination et au jour de la déclaration d'entrée du navire, déduction faite du fret et des dépenses épargnées.

(1) Cette *obligation* ne se conçoit que dans les ports, comme celui de Gênes, où les marchandises débarquées sur le quai sont de plein droit sous la surveillance de la douane.

Règle XV

Lorsque le connaissement contient les clauses *que dit être, poids, mesure inconnus* ou toute autre équivalente, le capitaine est exonéré de répondre de la non-conformité, quant au contenu, au poids, à la mesure, etc., des marchandises, aux indications signées dans le connaissement. Mais le consignataire aura toujours le droit de prouver le contenu, le poids, la mesure, etc., des marchandises embarquées.

Règle XVI

Les avaries communes sont réglées d'après les règles d'York et d'Anvers. En ce qui concerne la contribution mise à leur charge dans les avaries communes, les consignataires doivent, au choix du capitaine, signer un engagement avec indication de la valeur déclarée, ou fournir une sûreté suffisante.

Règle XVII

Le fret et les dépenses accessoires, si elles sont payables au lieu de destination, doivent être payés comptant sans escompte, et dans la monnaie indiquée au connaissement, ou bien si le consignataire le préfère, au cours du change du papier de banque à vue et au jour de la déclaration d'entrée du navire.

Une fois acquitté, le fret ne peut être répété même dans le cas où le navire et la cargaison viendraient à se perdre.

Règle XVIII

Les clauses « franc de casse », « franc d'avarie », « franc de coulage » ou toute autre équivalente insérée dans le connaissement, auront pour effet d'exonérer le capitaine de l'obligation de répondre des bris d'objets fragiles ou sujets à une facile détérioration ou au coulage, à moins que la faute du capitaine ou de toute autre personne de l'équipage soit prouvée.

Règle XIX

La signature apposée, pour le capitaine, à ce connaissement par les armateurs ou leurs représentants, ne pourra, dans aucun cas, être invoquée dans le but de rendre les armateurs personnellement responsables des faits du capitaine ou de toute autre personne de l'équipage dans l'exécution de ce contrat.

Règle XX

Ce connaissement fixe les rapports entre le capitaine et le porteur de ce connaissement.

Les conditions et les clauses de la charte-partie ne pourront être invoquées contre ce dernier que si elles sont expressément indiquées.

APPENDICE II

Résolution concernant l'établissement d'une juridiction internationale maritime pour connaître des abordages.

Art. I. — Pour les abordages, les sauvetages, l'assistance et les questions accessoires, il est institué une juridiction internationale maritime entre les États adhérents, sous réserve de la juridiction ordinaire en cas d'accord des parties.

Art. II. — La juridiction internationale maritime appartient :

a) En premier degré au tribunal arbitral du lieu de la première relâche, et lorsqu'on ne peut pas établir la priorité de la relâche, au tribunal qui a été saisi le premier de l'affaire.

b) En deuxième degré aux Suprêmes Cours maritimes, dont la décision sera définitive et irrévocable.

Art. III. — La compétence territoriale des tribunaux arbitraux est déterminée par la juridiction consulaire, celle des Cours par le traité.

Art. IV. — Les tribunaux arbitraux se composent de deux arbitres, élus par les parties un par chacune d'elles dans une liste formée de noms des consuls de la juridiction consulaire, de commandants de port, et de commandants de navire qui seront inscrits dans la liste susdite suivant les modes et conditions réglementaires à établir.

Le collège arbitral est présidé par un tiers arbitre élu par les parties ou, en défaut, par le président du plus haut collège judiciaire du lieu de l'arbitrage.

Dans le cas où les bâtiments plaidants sont plus de deux, les arbitres seront élus en nombre impair et proportionnel, suivant la règle ci-dessus.

Art. V. — Les cours suprêmes internationales maritimes se composent de représentants spéciaux des États adhérents, au nombre de deux pour chaque État, l'un pour la partie juridique, l'autre pour la partie maritime.

Art. VI. — Dans le cas où des navires portant le même pavillon plaident pour un fait arrivé dans un port ou fleuve ou dans les autres eaux intérieures de l'État auquel ils appartiennent, la juridiction internationale est facultative.

La même règle sera appliquée aux dits navires, même pour les événements arrivés en pleine mer, pourvu que le procès soit intenté pendant qu'elles se trouvent dans un port de leur nationalité.

PARIS. — IMP. C. MARPON ET E. FLAMMARION, RUE RACINE, 26.

www.ingramcontent.com/pod-product-compliance
Lightning Source LLC
Chambersburg PA
CBHW060513210326
41520CB00015B/4214